DELÍCIA DE RECREIO

REBECA CHAMMA

DELÍCIA DE RECREIO

Companhia Editora Nacional

1ª edição – São Paulo – 2016

Diretor superintendente: Jorge Yunes
Diretora adjunta editorial: Soraia Reis
Editora: Anita Deak
Coordenação editorial: Estúdio Guta Chaves Gastronomia
Chef-consultora: Zenir Dalla Costa. Colaborou: Ornella de Mello Centini, Marcos Ferreira
Consultoria em nutrição: Selva Fierro
Fotos: Luiz Henrique Mendes
Produção fotográfica: Tereza Galante
Revisão: Nana Rodrigues
Coordenação de arte: Márcia Matos
Assistência editorial: Audrya de Oliveira

Créditos de produção: Angelita Souza (maquiadora e cabeleireira profissional), Avental e Cia – uniformes profissionais, Escola Mini Chefs – gastronomia jovem, Fancy Goods, Roupa de Mesa, Stella Ferraz Cerâmicas, TenMan-Ya.

CIP-BRASIL. CATALOGAÇÃO NA PUBLICAÇÃO
SINDICATO NACIONAL DOS EDITORES DE LIVROS, RJ

C427d
Chamma, Rebeca,
Delícia de recreio / Rebeca Chamma. - 1. ed. - São Paulo : Companhia Editora Nacional, 2016.
128 p. : il. ; 26 cm.
Inclui índice
ISBN 9788504019933
1. Gastronomia - Manuais, guias, etc. 2. Culinária - Orientação profissional. I. Título.
16-29648 CDD: 641.5
CDU: 641.5

07/01/2016 07/01/2016

Companhia Editora Nacional

Rua Funchal, 263 – bloco 2 – Vila Olímpia
São Paulo – SP – 04551-060 – Brasil – Tel.: (11) 2799-7799
www.editoranacional.com.br – comercial@ibep-nacional.com.br

Dedico este livro ao meu pai, Sérgio Chamma, e à minha mãe, Ana Cristina Faccini, que eu amo tanto e que aguentam as minhas chatices.

Às pessoas que acreditam no meu trabalho. À minha editora que abraçou esse projeto e o tornou um sonho realizado!

Bora lá para a hora mais deliciosa do recreio!

Sumário

Apresentação

Delícia de Recreio, terceiro livro da chef mirim Rebeca Chamma, surgiu de uma observação sobre a dificuldade das mães e pais de montar o lanche das crianças de forma variada e saudável. De fato, não é fácil pensar no que colocar todos os dias na lancheira. Haja criatividade e tempo!

Rebeca desejava, ainda, que as crianças tivessem a possibilidade de executar, como ela, suas próprias receitas de lanches para a escola e, de quebra, ajudar os pais. O resultado está aqui: um cardápio para cinco semanas com opções gostosas, práticas e nutritivas e que foram selecionadas sob o critério de serem saudáveis.

São 25 conjuntos de lancheiras, compostos por três itens cada: uma receita salgada, uma sobremesa ou fruta e um suco natural ou outro líquido, montados sob a supervisão de uma nutricionista.

Como um dos objetivos do livro é que a criança monte seu próprio lanche — aprendendo, assim, a fazer escolhas saudáveis e a comer melhor — foram priorizadas as receitas que pedem o uso de micro-ondas, mais seguro de utilizar. De qualquer forma, o acompanhamento do adulto é fundamental.

A ideia é que pais e filhos aproveitem para ir à cozinha e compartilhem momentos saborosos em família. Melhor ainda: construam memórias afetivas que durem toda uma vida.

Vamos para a cozinha?

Oi, pessoal! Vou contar um pouquinho da minha experiência ao fazer este livro de lancheiras. Bem, para começar, foi maravilhoso! Ou melhor, foi delicioso! Escolhi cada receita com muito carinho, lembrando das minhas lancheiras, pois recreio tem de ser gostoso, um momento em que a gente come bem e se diverte com os amigos, não é?

Muita gente me pergunta se eu sempre comi coisas saudáveis. Sim! Na minha lancheira, levava frutas, sucos e pães com recheios variados. Hoje, não uso mais a lancheira (ei, eu já cresci!), mas nem por isso deixo de levar meus lanches. Comida saudável não é sem graça, pode acreditar em mim! Neste livro, você vai aprender a preparar receitas variadas de dar água na boca.

Quer uma dica? Chame agora o seu pai e a sua mãe para irem ao supermercado. Vocês podem escolher juntos os ingredientes e ir para a cozinha fazer os lanches. Será divertido e gostoso, garanto! Depois, vale arrumar tudo em potinhos coloridos; quanto mais cor, melhor! =)

Fiz este livro com muito amor e carinho e espero que vocês gostem das lancheiras. Aliás, peraí, não só gostem, como compartilhem com os amigos. Que tal propor um piquenique, em que cada um leve uma coisa? Se for sexta-feira, então, que é o dia da besteira, dá até pra comer alguma guloseima! É isso. Pode começar o livro. Espero que você tenha uma delícia de recreio.

Beijos, Rebeca

Como montar uma lancheira saudável

Minha nutricionista, a Selva Fierro, me ensinou que, na hora de fazer a lancheira, o ideal é pensar em alimentos que resistam em temperatura ambiente por várias horas, assim, não há risco de você comer algo estragado ou passado.

Na hora de planejar o cardápio da semana, vale ter em mente três princípios básicos: precisa ser saudável, diversificado e saboroso.

Uma boa alimentação é o nosso combustível: é essencial para fortalecer nosso corpo e dar muito pique para as brincadeiras. Por isso, não pule nenhuma refeição. A gente precisa de todas: café da manhã, lanche da manhã, almoço, lanche da tarde, jantar e ceia.

Além disso, ela deu outras dicas maneiras para selecionar os alimentos mais nutritivos na hora de montar o lanche da escola. Confira aí!

Monte as lancheiras com os três grupos de alimentos essenciais ao organismo:

- Construtores – são ricos em proteínas e auxiliam na formação e renovação de órgãos, músculos, pele, ossos e sangue. Estes alimentos são essenciais para o crescimento saudável. Exemplos: queijo, iogurte, ovo, leite, legumes. carnes brancas e vermelhas.

- Reguladores – possuem vitaminas, minerais, fibras e ajudam a controlar as funções dos órgãos, entre eles o intestino. Exemplos: frutas, verduras e legumes.

- Energéticos – são os carboidratos, que fornecem energia para o corpo realizar diversas atividades. Exemplos: arroz, cereais (como milho), tubérculos e raízes (como batata, inhame e mandioca), além de pães, massas e biscoitos. Priorize sempre os integrais, que têm mais fibras.

- Prefira sucos naturais. Opte pelos que preservam suas propriedades por mais tempo como goiaba, melão, acerola e abacaxi. Para transporte, prefira garrafas térmicas escuras, que conservam melhor. Prepare o suco perto do horário de ir para a escola e tome em até 3 horas.

- Outras bebidas saudáveis para compor seu lanche: água de coco, suco integral orgânico de uva e iogurte. E, claro, muita água, sempre!

- Inclua cereais matinais sem açúcar ou barras de cereais na sua lancheira.

- A aveia, além de ser um cereal rico em fibras e fonte de energia, não contém glúten (é bom tomar cuidado, pois pode ter traços de glúten, por ser cultivada em terrenos em que são plantados outros cereais). Use-a também para empanar, fazer panquecas, biscoitos e vitaminas.

- Habitue-se a levar um mix de castanhas: elas são fonte de gorduras boas e protegem o coração. Consuma com moderação, no máximo duas unidades por dia. Acrescente frutas secas a essa mistura.

- Sempre que possível, utilize ervas frescas nas suas preparações; elas conferem bastante sabor, aroma e ainda permitem que a gente use menos sal. Ah, e vale lembrar: o sal marinho é mais saudável que o comum. Se der para substituir, ótimo! A sua saúde agradece!

A cenoura é rica em vitaminas A, B e C, que defendem nosso corpo das doenças. Já tomou suco de cenoura com laranja? Fica uma delícia!

Pães integrais são muito saudáveis, pois têm grande quantidade de fibras e saciam. Priorize-os aos brancos.

Patês caseiros são mais saudáveis e não têm conservantes. Duram cinco dias na geladeira. Se quiser mudar um pouco o sabor do que já está pronto, acrescente cenoura, atum ou salsa.

Prefira os queijos brancos, pois têm baixo teor de gordura.

Opte por preparar bolos mais simples, sem cobertura e recheio. Eles são menos calóricos e duram mais.

É melhor consumir açúcar mascavo, demerara, melaço de cana ou mel, pois são menos refinados do que o açúcar branco. Têm também mais vitaminas e minerais. Prove sempre um suco antes de colocar açúcar — pode ser que nem seja necessário. Quanto menos açúcar usar, melhor.

Se for possível, dê preferência aos alimentos orgânicos.

Evite: produtos industrializados que contenham gordura hidrogenada ou trans, frituras, salgadinhos de pacote, balas, pirulitos, doces, refrigerantes, sucos prontos de caixinha ou em lata, pois possuem muito açúcar, sódio e conservantes.

Fique atento para a variedade de fonte de proteínas no lanche. Você pode montar a sua própria ordem de receitas, tendo em vista este critério. O importante é variar sempre!

Cuidados na cozinha

Cozinho desde os quatro anos de idade e já tenho certa experiência, então, siga meus conselhos! Você vai se dar bem e se divertir pra caramba!

- # Cozinhe com segurança e atenção, na presença de um adulto, que, aliás, deve ser responsável pelas tarefas mais perigosas, como usar fogão e forno, objetos cortantes e aparelhos elétricos ou equipamentos de cozinha. Confie em mim: essa colaboração fará você ter cada vez mais autonomia.

- # Os adultos devem usar luvas térmicas, ideais para colocar ou tirar algo do forno ou micro-ondas, pegar panelas, travessas e formas quentes.

- # Verifique a data de validade dos produtos e jogue fora o que estiver vencido.

- # Antes de começar qualquer prática na cozinha, lave e enxágue bem as mãos. Prenda o cabelo (se possível ponha uma touca) e coloque sapatos fechados para proteger os pés. É bom usar um avental para não sujar ou manchar sua roupa. Durante todo o processo, mantenha as mãos sempre limpas.

- # Use sempre água filtrada para fazer qualquer receita.

- # Antes de começar, leia a receita inteira e verifique se você tem todos os ingredientes. Primeiro, coloque na mesa tudo o que será usado. Depois, siga as instruções de preparo passo a passo, para não se perder.

Uma coisa que o cozinheiro profissional sempre faz antes de começar uma receita — e que dá muito certo — é limpar, descascar, picar ou adiantar outro processo para facilitar o preparo. Aprendi que isso se chama *mise-en-place*.

Não coloque recipientes quentes diretamente na pia ou na mesa. Forre o local com descanso de panela.

Use tábuas diferentes para cortar carnes e vegetais.

Desligue sempre o forno ou as bocas do fogão depois de usar.

A cozinha deve estar limpa e organizada antes de começar a receita, assim como na hora de terminá-la.

Verduras e legumes devem ser bem lavados e, se forem usados crus, precisam ser deixados de molho por 15 minutos em hipoclorito de sódio, um produto especial para este fim, encontrado nos mercados (peça ajuda aos seus responsáveis; eles devem seguir as instruções da embalagem). Retire as verduras e legumes da água e enxágue novamente. Lave os tomates da mesma forma.

Para evitar choques, os aparelhos elétricos precisam estar afastados da água.

Mantenha sempre toalhas de papel e panos de cozinha longe das chamas do fogão.

Cabos de panelas têm de ficar sempre virados para a parte traseira do fogão, para evitar que se esbarre neles e alguém se queime feio!

Medidas caseiras

Utensílios de medida são indispensáveis na cozinha: adquira um copo plástico e um conjunto de colheres de medida.

Para facilitar sua vida, a maior parte das receitas deste livro foi realizada nos padrões caseiros. Se quiser usar a balança, segue uma tabela para que possa converter as medidas. Como pode perceber, na cozinha você também aprende matemática!

1 xícara (chá) de farinha = 120 g

1 xícara (chá) de açúcar = 160 g

1 xícara (chá) de chocolate em pó = 90 g

1 xícara (chá) de castanhas ou nozes = 140 g

1 xícara (chá) de aveia = 80 g

1 xícara (chá) de fubá = 120 g

1 xícara (chá) de manteiga = 200 g

1 xícara (chá) de líquido = 240 ml

1 copo (americano) de líquido = 200 ml

1 colher (sopa) de líquido = 15 ml

1 colher (chá) de líquido = 5 ml

1 colher (sopa) de fermento = 10 g

1 colher (sopa) de manteiga = 20 g

1 colher (sopa) de açúcar = 10 g

SEMANA

1

Menu:

Sanduíche de pão de espinafre com pernil desfiado + Suco de abacaxi + Mix de castanhas

SANDUÍCHE DE PÃO DE ESPINAFRE COM PERNIL DESFIADO

Rendimento: 4 porções

Ingredientes

- 4 minipães de espinafre
- 1 cebola
- 2 dentes de alho
- Pimenta dedo-de-moça sem sementes (se não gostar de pimenta, retire este ingrediente)
- 1 kg de pernil suíno em peça com osso
- 1 1/2 colher (sopa) de azeite
- Suco de 2 limões
- 2 xícaras (chá) de água
- 1 folha de louro
- 1 colher (sopa) rasa de sal
- Pimenta-do-reino moída a gosto

Alerta

Esta receita deve ser feita por um adulto, pois o processo envolve panela de pressão, que é perigosa para uma criança.

Modo de fazer

1. Pique a cebola e o alho bem fininhos. Corte a pimenta no sentido do comprimento, descarte as sementes e pique finamente. Reserve.
2. Corte a peça de pernil em pedaços grandes. Retire e descarte a gordura.
3. Tempere a carne com sal e pimenta-do-reino moída na hora.
4. Doure os pedaços de pernil, um a um, na panela de pressão em fogo alto. Retire e reserve.
5. Diminua o fogo para médio e acrescente meia colher (sopa) de azeite.
6. Refogue a cebola por cerca de três minutos. Tempere com uma pitada de sal e acrescente o alho, a pimenta, e refogue por mais alguns minutos, mexendo sempre.
7. Junte o suco de limão, a água e misture bem.
8. Volte os pedaços de pernil à panela, acrescente o louro, feche e mantenha em fogo alto.
9. Quando começar a apitar, baixe o fogo e deixe cozinhar por 40 minutos.
10. Desligue o fogo e quando todo o vapor sair, abra a panela.
11. Transfira o pernil para uma travessa; e o molho para uma tigela, passando-o por uma peneira.
12. Desfie a carne de porco com dois garfos. Junte o molho peneirado.
13. Guarde na geladeira em pote de plástico ou de vidro bem fechado. Use para rechear o sanduíche.

Montagem do sanduíche

Abra os pães e coloque o pernil desfiado com seu molho.

Dica

O pão de espinafre pode ser comprado pronto ou feito em casa. Para fazer pães coloridos e diferenciados em sabor e cor, basta pegar uma receita de pão comum e substituir o líquido da receita por suco de folhas ou legumes. Não precisa coar: é só bater o legume com 70% da água que seria usada na receita e usar no lugar do líquido. Você pode fazer pães de espinafre, couve, brócolis, cenoura, beterraba, entre outros.

SUCO DE ABACAXI

Rendimento: 1 porção

Ingredientes

- 1 1/2 xícara (chá) de abacaxi em cubos
- 1/2 copo (americano) de água gelada
- Açúcar a gosto

Modo de fazer

1. Bata os ingredientes no liquidificador.
2. Passe pela peneira e coloque na garrafa (de preferência, térmica) e disponha na lancheira.

MIX DE CASTANHAS

Rendimento: 1 porção

Ingredientes

- 1/4 de xícara (chá) de nozes
- 1/4 de xícara (chá) de castanha de caju
- 1/4 de xícara (chá) de uva-passa ou damasco seco
- 1/4 de xícara (chá) de castanha-do-brasil

Modo de fazer

Junte todas as castanhas e coloque num potinho para levar à lancheira.

Menu:
Muffin de tomate, muçarela de búfala e manjericão + Suco de laranja com acerola + Morangos

MUFFIN DE TOMATE, MUÇARELA DE BÚFALA E MANJERICÃO

Rendimento

8 porções

Ingredientes

- Manteiga e farinha de trigo para untar e polvilhar
- 1 tomate
- 1 ramo de manjericão
- 1/2 xícara (chá) de leite integral
- 4 colheres (sopa) de manteiga
- 2 ovos
- 1/2 xícara (chá) de farinha de trigo
- 1 xícara (chá) de farinha de trigo integral
- 2 colheres (chá) de fermento químico (em pó)
- 1 colher (sopa) de açúcar
- 1/2 xícara (chá) de muçarela de búfala

Modo de fazer

1. Preaqueça o forno a 180°C. Unte 8 forminhas individuais de muffin ou de empadinhas com manteiga e polvilhe farinha.
2. Numa tábua, corte o tomate ao meio, retire as sementes e pique-o em cubinhos. Pique as folhas de manjericão.
3. Numa tigela, junte o leite e o manjericão. Leve ao micro-ondas até o leite ferver. Depois, tire do microondas, acrescente a manteiga imediatamente e mexa bem até derreter. Coloque o ovo e misture bem. Reserve.
4. Numa tigela grande, passe por uma peneira as farinhas, o fermento e o açúcar. Faça um buraco no centro e regue com a mistura de leite e manjericão. Com uma colher, mexa até a farinha absorver todo o líquido. Acrescente o queijo e o tomate em cubinhos.
5. Em cada forminha, coloque 3 colheres (sopa) de massa. Leve ao forno por 25 minutos. Retire os muffins da assadeira e coloque sobre uma grade para esfriar. Sirva morno ou em temperatura ambiente.

Dica

Se sobrar muffin, que tal levar o lanche para a sua professora? Ela vai adorar saber que você se lembrou dela!

Você sabia?

O tomate é rico em vitamina A e C, fibras e potássio (evita câimbras). O fruto é muito contaminado por agrotóxicos durante o cultivo, por isso, peça aos seus pais para dar preferência aos orgânicos. Diferentemente de outros frutos, o tomate cozido é mais nutritivo que o cru, pois o processo de cocção faz com que o licopeno (substância que dá cor ao tomate) seja mais bem absorvido pelo organismo.

SUCO DE LARANJA COM ACEROLA

Rendimento

1 porção

Ingredientes

- 1 copo (americano) de suco de laranja
- 1/2 copo (americano) de água gelada
- 1/2 xícara (chá) de polpa de acerola congelada
- Açúcar a gosto

Modo de fazer

1. Bata os ingredientes no liquidificador.
2. Sirva ou armazene em garrafinha térmica para colocar na lancheira.

HORA DA FRUTA!

1 xícara (chá) de morangos (de preferência, orgânicos). Lave bem as frutas, retire os cabinhos e deixe na geladeira até a hora de levar à lancheira.

Menu:

Sanduíche de pão integral com patê de sardinha, beterraba e brócolis + Suco de melancia com canela + Banana

SANDUÍCHE DE PÃO INTEGRAL COM PATÊ DE SARDINHA, BETERRABA E BRÓCOLIS

Rendimento

4 porções

Ingredientes

- 1 lata de sardinha (sem óleo)
- 5 colheres (chá) de maionese
- 1/2 xícara (chá) de salsinha picada
- 4 minipães integrais
- 1/2 xícara (chá) de brócolis
- Azeite extravirgem
- Suco de meio limão
- 1 pitada de sal
- 1/2 beterraba em fatias finas

Modo de fazer

1. Faça o patê de sardinha, misturando a sardinha, a maionese e a salsinha picada.
2. Corte os pães ao meio e passe o patê nas metades.
3. Cozinhe o brócolis. Tempere-o com azeite, suco de limão e sal. Reserve.
4. Coloque em cada um dos pães fatias finas de beterraba crua e fatias finas do brócolis temperado.

Dica

Quem não gosta de um delicioso patê de sardinha? O que sobrar da montagem da lancheira pode render, por exemplo, um lanche todo especial com amigos no final de semana.

Rico em vitamina A e C, o brócolis costuma ser o terror de muita gente. Tenho certeza de que você tem algum amigo que não gosta, não é? Isto acontece pois, infelizmente, é comum errar no preparo do vegetal. Muitas vezes, cozinha-se demais e aí os talos e brotos ficam moles e sem sabor, além de os nutrientes se perderem. Peça para seu pai e sua mãe verificarem o ponto do brócolis com um garfo durante a fervura. Ele deve ficar al dente, um ponto em que o alimento está cozido, mas oferece uma leve resistência à mordida.

Você sabia?

A sardinha é rica em ômega 3 (gordura boa), faz bem para o coração, tem vitamina D e mais cálcio do que o leite. Além disso, é uma delícia!

SUCO DE MELANCIA COM CANELA

Rendimento

1 porção

Ingredientes

- 2 xícaras (chá) de melancia picada
- 1/2 copo (americano) de água gelada
- 1/2 colher (café) de canela em pó

Modo de fazer

1. Bata os ingredientes no liquidificador.
2. Passe pela peneira e armazene em garrafa (de preferência, térmica) para colocar na lancheira.

HORA DA FRUTA!

1 banana do tipo de sua preferência.

Menu:

Sanduíche de pão de cenoura com patê de ervas e azeitonas + Água de coco + Frutas em cubo

SANDUÍCHE DE PÃO DE CENOURA COM PATÊ DE ERVAS E AZEITONAS

Rendimento

4 porções

Ingredientes

- 1 dente de alho
- 2 colheres (sopa) de salsinha
- 1 colher (sopa) de cebolinha
- 1/2 xícara (chá) de azeitonas sem caroço
- 1/2 xícara (chá) de maionese
- 4 minipães de cenoura
- 8 fatias finas de tomate-caqui

Modo de fazer

1. Faça o patê misturando as azeitonas, o alho, a salsinha e a cebolinha com a maionese. Se quiser uma consistência mais cremosa e lisa, use o processador. Além da salsinha e da cebolinha, você também pode usar tomilho, coentro, manjericão ou manjerona. Exercite sua criatividade!
2. Corte os pães ao meio e passe o patê.
3. Coloque as fatias de tomate em cada metade do pão.

ÁGUA DE COCO

Acondicione em garrafinha térmica para ir à lancheira.

Você sabia?

Além de refrescante, a água de coco é rica em sais minerais e nutrientes. Em 100 ml, a bebida apresenta cerca de 250 mg de potássio (a porcentagem total das necessidades diárias) e 105 mg de sódio (metade do valor recomendado por dia), além de boas doses de cálcio, magnésio e vitamina C. Ela é considerada um isotônico natural, ideal para repor os líquidos e os sais perdidos através do suor durante a prática de atividades físicas.

HORA DA FRUTA!

Rendimento

1 porção (100g)

Ingredientes

- 1/3 de xícara (chá) de manga descascada e cortada em cubos
- 1/3 de xícara (chá) de melão descascado e cortado em cubos
- 1/3 de xícara (chá) de uvas inteiras

Modo de fazer

Coloque em potinho e leve à lancheira.

Dica

Use as frutas que sobrarem para fazer um suco "tutti-frutti" ou como sobremesa do almoço ou do jantar.

Quer deixar suas frutas ainda mais saborosas? Experimente adicionar mel, linhaça, granola, aveia ou iogurte. :)

Menu:

Sanduíche de pão de batata com patê de queijo, rúcula, cenoura e talos de salsão + Leite fermentado + Barrinha de cereais

SANDUÍCHE DE PÃO DE BATATA COM PATÊ DE QUEIJO, RÚCULA, CENOURA E TALOS DE SALSÃO

Rendimento

4 porções

Ingredientes

Patê de queijo
- 100 g de ricota
- 100 g de *cream cheese*
- 1 colher (sopa) de leite integral
- 1 dente de alho espremido
- Sal a gosto

Sanduíche
- 2 talos de salsão (apenas a parte branca) cortados em fatias finas

- Azeite extravirgem
- Suco de 1/2 limão
- 2 colheres (sopa) de endro (dill) bem picadinho (se não encontrar, use outra erva, como salsa ou funcho)
- 4 minipães de batata ou outro do seu gosto
- 4 colheres (chá) do patê de queijo
- 8 folhas de rúcula
- 1 cenoura fatiada fina
- Sal a gosto

Modo de fazer

Patê de queijo

1. Faça o patê misturando bem os queijos, o leite e amassando com um garfo até ficar bem homogêneo.
2. Tempere com sal e alho espremido.

Sanduíche

1. Corte os talos de salsão em fatias bem finas e tempere-os com sal, azeite, suco de limão e endro.
2. Corte os pães ao meio e passe o patê de queijo nas metades. Depois, coloque as fatias de salsão temperadas, as folhas de rúcula e a cenoura fatiada.

Dica

Sabia que dá para fazer um suco delicioso com os talos do salsão? É só bater no liquidificador com melancia e pronto! Além disso, o vegetal pode ser utilizado em sopas, saladas, tortas e molhos.

LEITE FERMENTADO

Escolha o leite fermentado de sua preferência no supermercado. A embalagem com 80 gramas é uma boa porção. Acondicione-o em garrafinha (de preferência, térmica) e coloque na lancheira.

Você sabia?

O leite fermentado é uma bebida láctea em que atuam os micro--organismos *Lactobacillus casei* e *Bifidobacterium animalis*, que auxiliam na reposição da flora intestinal.

BARRINHA DE CEREAIS

Coloque na lancheira uma barra de cereais de sua preferência. Na hora de comprá-la, peça aos seus pais que escolham as de frutas e que sejam ricas em fibras.

SEMANA 2

Menu:
Sanduíche de omelete de milho com alface e tomate + Suco de maracujá + Maçã

SANDUÍCHE DE OMELETE DE MILHO COM ALFACE E TOMATE

Rendimento: 2 porções

Ingredientes

Omelete

- 2 ovos
- 1/2 xícara (chá) de milho em lata
- 1/2 xícara (chá) de queijo branco em cubos pequenos
- Salsinha picada fina a gosto
- Sal a gosto

Montagem

- 2 unidades de pão francês (branco ou integral)
- 2 folhas de alface
- 4 fatias de tomate-caqui
- 1/2 limão
- 1 fio de azeite extravirgem
- Sal a gosto

Alerta

Lembre-se de lavar e higienizar a alface e o tomate, para evitar a contaminação dos alimentos.

Modo de fazer

1. Faça a omelete misturando os ovos com o milho e o queijo branco. Tempere com sal e salsinha.
2. Cozinhe a omelete no micro-ondas por 1 minuto em frequência alta.
3. Recheie cada um dos pães com metade da omelete e adicione a alface e o tomate temperados com sal, suco de limão e azeite extravirgem.

Dica

O azeite é uma gordura de ótima qualidade, principalmente quando utilizado a frio, pois assim não perde suas propriedades.

Na hora de fazer a omelete, se quiser diminuir as calorias e aumentar a quantidade de proteína, você pode substituir uma gema por outra clara de ovo ou fazer uma omelete de claras com milho.

SUCO DE MARACUJÁ

Rendimento: 1 porção

Ingredientes

- 1 maracujá
- 1 xícara (chá) de água gelada
- Açúcar a gosto

Modo de fazer

1. Bata os ingredientes no liquidificador.
2. Passe pela peneira e armazene para colocar na lancheira.
3. Use garrafinha (de preferência, térmica) para acondicionar o suco na lancheira.

HORA DA FRUTA!

1 maçã

Você sabia?

A maçã tem baixa caloria e é rica em fibras. A verde tem mais vitaminas do que a vermelha.

Menu:
Torta de frango com milho + Suco de caju + Abacaxi em cubos

TORTA DE FRANGO COM MILHO

Rendimento: 10 porções

Ingredientes

Para a massa

- 1 xícara (chá) de farinha de trigo
- 1 1/2 xícara (chá) de leite integral
- 1 colher (sopa) rasa de sal
- 3 ovos
- 1/2 cebola
- 3 colheres (sopa) de azeite extravirgem
- 1 colher (sopa) de fermento químico (em pó)
- 1 colher (sopa) de azeite ou óleo (para untar a forma)

Para o recheio

- 200 g de frango
- 1 cebola
- Sal a gosto
- 2 colheres (sopa) de azeite extravirgem
- 1 tomate cortado em cubos e sem sementes
- 1 xícara (chá) de cheiro-verde picado (salsinha e cebolinha)
- 1 lata de milho (cerca de 200 g, drenado)
- 3 tomates em rodelas, temperados com sal e orégano

Modo de fazer

Massa

1. Bata todos os ingredientes da massa no liquidificador. Unte uma forma com a colher de azeite. Reserve.

Recheio

1. Cozinhe o peito de frango com a metade da cebola, um pouco de água e sal na panela de pressão por 30 minutos.
2. Desfie o frango e reserve.
3. Refogue meia cebola cortada em cubos bem pequenos em azeite e acrescente o frango desfiado.
4. Junte o tomate em cubos e sem sementes, tempere com sal e deixe o líquido evaporar.
5. Acrescente o cheiro-verde cortado bem fininho.
6. Reserve para esfriar.
7. Drene o milho e reserve. Corte os tomates em rodelas e tempere com sal e orégano.

Finalização

1. Despeje metade da massa na forma.
2. Disponha o frango sobre a massa, coloque sobre ele o milho e os tomates cortados em rodela e temperados.
3. Cubra com a outra metade da massa.
4. Leve para assar por 9 minutos na potência alta do micro-ondas.
5. Aguarde 2 minutos antes de retirar do micro-ondas e cortar.

Dica

Esta é uma receita que rende bastante. O que sobrar pode ser parte de um lanche coletivo com seus colegas ou com a família. Faz o maior sucesso e todos vão querer experimentar.

SUCO DE CAJU

Rendimento: 1 porção

Ingredientes

- 2 cajus
- 1 1/2 copo (americano) de água gelada
- Açúcar a gosto

Modo de fazer

Bata tudo no liquidificador e coloque em garrafinha (de preferência, térmica) para ir à lancheira.

Você sabia?

O caju é uma fruta bem brasileira e seu suco é rico em vitamina C e ferro. Aliás, eu aprendi que o fruto mesmo é a castanha. A sua parte carnuda é um pseudofruto, do qual são feitos sucos, doces, passas e até mel.

HORA DA FRUTA!

Descasque o abacaxi e corte em cubos. Coloque num potinho para levar à lancheira.

Alerta

Peça para um adulto descascar e cortar o abacaxi.

Menu:
Sanduíche de pão de milho com ovo de codorna e cenoura laminada + Suco de melão + Biscoito de canela

SANDUÍCHE DE PÃO DE MILHO COM OVO DE CODORNA E CENOURA LAMINADA

Rendimento: 4 porções

Ingredientes

- 8 ovos de codorna
- Azeite de oliva extravirgem
- 12 tomates-cereja
- 1 cenoura
- Sal a gosto
- Suco de limão
- Salsinha a gosto
- 4 minipães de milho

Modo de fazer

1. Frite os ovos de codorna um a um ou de modo que fiquem separados, em uma frigideira antiaderente, apenas untada com azeite de oliva extravirgem.
2. Lave e seque os tomates e as cenouras.
3. Corte as cenoura em lâminas bem fininhas ou rale no ralador. Fatie os tomatinhos em rodelas.

4. Tempere a cenoura e o tomate com sal, suco de limão, azeite de oliva e salsinha picada.
5. Monte os sanduíches colocando em cada pão de milho os ovos de codorna, as cenouras e os tomates temperados.

Alerta

Esteja sempre na presença de um adulto quando for usar objetos cortantes e/ou o fogo.

SUCO DE MELÃO

Rendimento

1 porção

Ingredientes

- 2 xícaras (chá) de melão em cubos
- 1/4 de xícara (chá) de água gelada
- Açúcar a gosto

Modo de fazer

1. Bata os ingredientes no liquidificador.
2. Sirva ou armazene em garrafinha (de preferência, térmica) para colocar na lancheira.

Você sabia?

O melão tem muitos nutrientes, incluindo cálcio, vitamina C, vitamina A e as vitaminas do complexo B, que dão muita energia. Quanto mais madura a fruta está, maior a concentração de substâncias ativas.
O melão é muito rico em bioflavonoides, que são excelentes fontes de antioxidantes e anti-inflamatórios. A fruta também tem muitos carotenoides, que diminuem os riscos de várias doenças.

BISCOITO DE CANELA

Rendimento: 4 porções

Ingredientes

- 1/4 de xícara (chá) de manteiga em temperatura ambiente
- 1/2 xícara (chá) de açúcar mascavo
- 1/2 ovo (misturar clara e gema de um ovo e usar a metade)
- 1 xícara (chá) de farinha de trigo
- 1/2 colher (chá) de fermento químico (em pó)
- 1 pitada de sal
- 2 colheres (sopa) de açúcar
- 2 colheres (chá) de canela em pó para polvilhar

Modo de fazer

1. Misture, em uma tigela, a manteiga e o açúcar mascavo.
2. Acrescente o ovo e mexa.
3. Junte a farinha, o fermento e o sal e misture até obter uma massa homogênea.
4. Faça bolinhas de massa com uma colher de sopa e coloque-as em um refratário redondo, deixando um espaço grande entre elas. Se usar um refratário de 20 cm de diâmetro, por exemplo, coloque no máximo 5 bolinhas de massa de cada vez.
5. Achate as bolinhas com um garfo passado na farinha de trigo.
6. Polvilhe com o açúcar misturado com a canela.
7. Leve ao micro-ondas por 1 minuto. Retire e deixe esfriar. Volte ao micro-ondas por mais 1 minuto.

Dica

Estes biscoitinhos duram mais tempo se forem armazenados em um pote hermeticamente (não sabe o que é? Que tal consultar um dicionário? :-)) fechado. Assim você pode tê-los por vários dias para matar aquela fominha de última hora.

Você sabia?

A canela estimula o sistema imunológico e é ótima para combater resfriados. Fica uma delícia polvilhada sobre o chocolate quente.

Menu:

Mini X-egg com pepino
+ Suco de morango
+ Bolinhas de melancia

MINI X-EGG COM PEPINO

Rendimento: 4 porções

Ingredientes

- 8 ovos de codorna
- Azeite de oliva extravirgem
- 1 pepino japonês
- Sal a gosto
- 4 bisnaguinhas integrais
- 4 fatias de muçarela

Modo de fazer

1. Frite os ovos de codorna um a um, ou de modo que fiquem separados, em uma frigideira antiaderente, apenas untada com azeite de oliva extravirgem.
2. Lave, seque o pepino e corte-o na diagonal.
3. Tempere o pepino com sal e azeite de oliva extravirgem.
4. Monte os sanduíches: coloque em cada bisnaguinha uma fatia de queijo, dois ovos de codorna fritos e lascas do pepino temperado.

Você sabia?

O ovo de codorna é rico em proteína, ferro e cálcio, mas não o coma em excesso, pois ele tem mais colesterol do que o ovo de galinha.

O pepino japonês, por sua vez, ajuda a eliminar toxinas presentes no corpo. É também fonte de nutrientes, entre eles as vitaminas A, C, B1 e B2, potássio, magnésio e sais minerais.

SUCO DE MORANGO

Rendimento

1 porção

Ingredientes

- 1 xícara (chá) de morangos (de preferência, orgânicos)
- 3/4 de copo (americano) de água gelada
- Açúcar a gosto

Modo de fazer

1. Bata os ingredientes no liquidificador.
2. Sirva ou armazene em garrafinha (de preferência, térmica) para colocar na lancheira.

Dica

O morango tem propriedades que auxiliam no processo de cicatrização de ferimentos. Além do suco, experimente a fruta em saladas, com iogurte, na gelatina ou faça uma calda para servir com o sorvete de sua preferência.

HORA DA FRUTA!

Modo de fazer

1. Corte uma fatia grossa da melancia.
2. Com um boleador, faça bolinhas.

Dica

Caso não tenha boleador, você pode cortar a melancia em cubos.

Menu:
Sanduíche de pão integral com patê de cenoura + Água de coco + Manga em cubinhos

SANDUÍCHE DE PÃO INTEGRAL COM PATÊ DE CENOURA

Rendimento

4 porções

Ingredientes

- 1 1/2 cenoura em rodelas
- 1/2 cebola
- 2 colheres (sopa) de cheiro-verde picado
- 2 colheres (sopa) de maionese
- 4 minipães integrais
- Sal a gosto
- 200 g de queijo prato em fatias finas
- 4 folhas de alface lavadas e esterilizadas

Modo de fazer

1. Prepare o patê, batendo no liquidificador a cenoura, a cebola, o cheiro-verde e a maionese.
2. Corte os pães ao meio e passe o patê nas fatias.
3. Coloque em cada metade de pão uma fatia de queijo prato e uma folha de alface.

Dica

O patê de cenoura pode ser armazenado na geladeira e servido como aperitivo, junto com torradinhas, para o restante da família. Para cortar os sanduíches de pão de forma de seu lanche, use a criatividade: faça formatos divertidos (se quiser, há cortadores especiais para isso) e, ainda, desenhe no filme plástico que envolve os sanduíches.

O queijo prato do sanduíche pode ser substituído por queijo branco, muçarela ou outro de sua preferência. Lembre-se sempre de que quanto mais amarelo é o queijo, maior quantidade de gordura ele tem.

Se você não gosta de cebola, pode diminuir a quantidade ou retirá-la da receita de patê de cenoura, substituindo-a por um dente de alho ou por um pedacinho de gengibre, para mudar o sabor.

ÁGUA DE COCO

Acondicione a água de coco em garrafa (de preferência, térmica) e leve à lancheira.

HORA DA FRUTA!

Corte meia manga em cubinhos, coloque num potinho e leve à lancheira até a hora de ir para a escola.

Dica

Se a manga for grande para a sua lancheira, o restante da fruta pode virar um delicioso suco. Você pode batê-la com outras frutas como maracujá e acerola.

SEMANA

3

Menu:

Sanduíche de queijo branco e tomate confit + Suco de caju + 20 g de maçã desidratada

SANDUÍCHE DE QUEIJO BRANCO E TOMATE CONFIT

Rendimento

4 porções

Ingredientes

- 2 tomates
- 2 colheres (sopa) de azeite
- 4 minipães *ciabatta*
- 4 fatias de queijo branco
- 12 folhas de rúcula lavadas e higienizadas
- Suco de limão
- Sal a gosto

Modo de fazer

1. Prepare o tomate *confit* assando as metades dos tomates temperadas com sal e regadas com o azeite, em temperatura bem baixa no forno, por aproximadamente 40 minutos.
2. Pique o tomate e distribua nos 4 pães.
3. Coloque uma fatia de queijo branco em cada metade.
4. Lave e esterilize a rúcula e tempere com suco de limão e sal a gosto.
5. Coloque três folhas de rúcula em cada sanduíche.

Dica

Se quiser assar mais tomates para aproveitar o tempo de forno, você pode dobrar ou triplicar esta receita. Guarde os tomates prontos na geladeira, regados em azeite. Eles acompanham bem saladas e carnes.

Você sabia?

O termo *confit* é francês e significa cozinhar lentamente, em baixa temperatura e na própria gordura do alimento (no caso das carnes). No interior do Brasil, até hoje se prepara o chamado "porco na lata", o nosso *confit*. Quando se fala em legumes e tomate, usa-se azeite para essa técnica, que surgiu no Egito Antigo, entre 3.000 e 2.000 a.C como forma de conservar. Naquela época (imagine!), não existia geladeira.

SUCO DE CAJU

Rendimento: 1 porção

Ingredientes

- 1 caju
- 3/4 de copo (americano) de água gelada
- Açúcar a gosto

Modo de fazer

1. Bata os ingredientes no liquidificador.
2. Passe pela peneira e armazene em garrafinha (de preferência, térmica) para colocar na lancheira.

HORA DA FRUTA!

Coloque 20 gramas de maçã desidratada (você encontra nos supermercados) em um saquinho hermeticamente fechado.

Menu:
Pão de queijo turbinado + Vitamina de leite com mamão + 1 pera

PÃO DE QUEIJO TURBINADO

Rendimento

10 porções

Ingredientes

- 3 xícaras (chá) de queijo ralado fresco
- 4 xícaras (chá) de polvilho doce
- 1/2 xícara (chá) de sementes variadas (gergelim claro, gergelim escuro, chia, amaranto e farelo de aveia)
- 3 ovos
- 1/2 xícara (chá) de leite integral
- 5 colheres (sopa) de azeite de oliva extravirgem ou óleo
- 1 colher (sopa) de fermento químico (em pó)
- 1 pitada de sal (coloque o sal e experimente a massa, pois o teor de sal nos queijos varia muito)
- Óleo para untar

Modo de fazer

1. Aqueça o forno entre 180°C e 200°C.
2. Coloque, em uma tigela grande, o queijo e todos os ingredientes secos.
3. Em outra tigela, bata os ovos, o leite e o azeite.
4. Incorpore todos os ingredientes e sove a massa até que fique com a textura de massa de modelar.
5. Faça bolinhas e enrole.
6. Unte a forma. Asse por 15 minutos ou até que os pãezinhos estejam ligeiramente corados.

Dica

Esta é uma receita grande, que usa todo o polvilho de uma embalagem. Assim se aproveita todo este ingrediente nobre que vem da mandioca. Mas pão de queijo é tão bom que se a receita fosse pequena não sobraria nenhum para colocar na lancheira!

Se você quiser deixar seu pão de queijo ainda mais gostoso, pode recheá-lo, na hora de fazer as bolinhas, com um pouco de catupiry ou cubos médios de goiabada. É importante fechar bem as bolinhas antes de colocar na assadeira, para o recheio não vazar.

Você sabia?

Ninguém sabe ao certo a história do pão de queijo, mas especula-se que a receita tenha surgido no século XVIII, época da escravidão, nas fazendas de Minas Gerais. Nessas propriedades, era costume servir aos senhores pão e café à tarde. No entanto, como a farinha de trigo que chegava às fazendas não tinha boa qualidade, as cozinheiras passaram a usar polvilho em seu lugar. Preparados em forno à lenha, teriam surgido então os primeiros pães de queijo mineiros.

VITAMINA DE LEITE COM MAMÃO

Rendimento

2 porções

Ingredientes

- 1 copo (americano) de leite integral
- 1 fatia de mamão (cerca de 100g)
- Açúcar, se necessário

Modo de fazer

1. Bata os ingredientes no liquidificador.
2. Sirva ou armazene em garrafinha térmica.

HORA DA FRUTA!

1 pera.

Menu:

Sanduíche de pão de beterraba com atum, alface e tomate amarelo + Suco de abacaxi + Bolo de fubá

SANDUÍCHE DE PÃO DE BETERRABA COM ATUM, ALFACE E TOMATE AMARELO

Rendimento: 4 porções

Ingredientes

- 1 lata de atum (sem óleo)
- 2 colheres (sopa) de maionese
- 1/2 cebola pequena ralada
- 1 colher (sopa) de salsinha picada
- 4 minipães de beterraba ou outro de sua preferência
- 4 folhas de alface
- 8 fatias de tomate amarelo
- 1 pitada de sal
- Azeite de oliva extravirgem

Modo de fazer

1. Faça o patê, misturando atum, maionese, a cebola ralada e a salsinha picada.
2. Corte os pães ao meio e passe o patê nas fatias.
3. Coloque a alface e o tomate amarelo temperado com sal e azeite de oliva em cada metade dos pães.

Você sabia?

O atum é rico em proteínas, minerais, vitaminas do complexo B e ômega 3 (a chamada gordura boa). É tudo de bom, não é?

SUCO DE ABACAXI

Rendimento: 1 porção

Ingredientes

- 1 1/2 xícara (chá) de abacaxi
- 1/2 copo (americano) de água gelada
- Açúcar a gosto

Modo de fazer

1. Bata os ingredientes no liquidificador.
2. Passe pela peneira e armazene em garrafinha (de preferência, térmica) para colocar na lancheira.

BOLO DE FUBÁ

Rendimento: 10 porções

Ingredientes

- 3 ovos (separe as gemas das claras)
- 100 g de margarina
- 1 1/2 xícara (chá) de açúcar
- 1 xícara (chá) de farinha de trigo
- 1 xícara (chá) de fubá
- 1 copo (pote) de iogurte natural (cerca de 170 g)

- 1/2 copo (americano) de leite integral
- 1 colher (sopa) de fermento químico (em pó)
- 1 colher (chá) de sementes de erva-doce
- Manteiga para untar
- Açúcar e canela em pó para polvilhar

Modo de fazer

1. Bata as gemas com a margarina.
2. Acrescente o açúcar, a farinha e o fubá peneirados (os ingredientes devem ser peneirados juntos para que fiquem bem misturados e para que não vá nenhum grumo ou caruncho para a massa), alternando com o iogurte e o leite.
3. Junte o fermento, as sementes de erva-doce e, por último, as claras em neve.
4. Mexa delicadamente.
5. Coloque em forma de anel (ou em forma de silicone para minibolos individuais), untada e polvilhada com açúcar e canela em pó.
6. Leve ao micro-ondas por 7 a 8 minutos, em potência alta.

Dica

Para bater as claras em neve, coloque as claras na batedeira e ligue, primeiro em potência baixa, depois em potência média, até que as claras fiquem firmes. Lembrando que você deve estar acompanhado de um adulto para realizar esta tarefa.

Quando o bolo terminar de assar, o cheirinho vai invadir toda a casa. Experimente com chá ou leite gelado.

Menu:
Sanduíche de pão de miga com patê de cenoura + Iogurte líquido + Abacaxi em cubos

SANDUÍCHE DE PÃO DE MIGA COM PATÊ DE CENOURA

Rendimento: 4 porções

Ingredientes

- 4 minipães de miga

Patê de cenoura

- 1 1/2 cenoura em rodelas
- 1/2 cebola
- 2 colheres (sopa) de cheiro-verde picado (salsinha e cebolinha)
- 2 colheres (sopa) de maionese
- Sal a gosto

Modo de fazer

1. Faça o patê, batendo no liquidificador a cenoura, a cebola, o cheiro-verde e a maionese.
2. Corte os pães ao meio e passe o patê nas fatias.

Você sabia?

Pão de miga é uma especialidade argentina. É um tipo de pão de forma, só que bem fininho e mais aerado. Costuma ser montado em três camadas, com dois recheios, mas eu preferi fazer com duas mesmo, para ficar bem levinho.

IOGURTE LÍQUIDO

Alerta

Esta receita deve ser feita por um adulto.

Ingredientes

- 2 litros de leite semidesnatado (se preferir, pode ser leite sem lactose ou desnatado)
- 1 potinho (170 g) de iogurte integral ou desnatado com a consistência firme (também pode ser iogurte natural sem lactose na mesma proporção)

Modo de fazer

1. Coloque o leite em uma panela e leve ao fogo. Desligue assim que ferver. Se formar uma película, descarte-a.
2. Deixe esfriar até o ponto em que você consiga colocar o dedo no leite e ele se mantenha bem quente, mas sem queimar. Dica: coloque o dedo e conte 10 segundos; se aguentar todo tempo sem queimar o dedo é esse o ponto!
3. Em seguida, adicione o copinho de iogurte no leite e misture. Tampe a panela e envolva-a com algumas toalhas, para mantê-la aquecida.
4. Deixe tampado por cerca de 8 a 10 horas em temperatura ambiente. Se estiver muito calor, ele pode ficar pronto antes.
5. Leve à geladeira e sirva por até 7 dias.

HORA DA FRUTA!

Corte o abacaxi em cubos, até que a quantidade caiba em uma xícara de chá. Coloque em um potinho e leve à lancheira.

Alerta

Peça para um adulto descascar e cortar o abacaxi.

Dica

Não jogue fora as cascas do abacaxi. Aproveite-as para fazer um chá. Basta colocá-las numa panela com água para ferver, depois coar e servir geladinho. Ah, outra dica: para saber se o abacaxi está maduro, basta tocar nas folhas da coroa. Se elas se soltarem com facilidade, a fruta está no ponto.

Menu:

Sanduíche de rosbife com alface e tomate-cereja + Leite com achocolatado + Cereal matinal sem açúcar

SANDUÍCHE DE ROSBIFE COM ALFACE E TOMATE-CEREJA

Rendimento: 4 porções

Ingredientes

- 4 minipães de centeio
- 8 fatias de rosbife (use o rosbife comprado pronto ou, se preferir, aproveite a minha receita)
- 4 folhas de alface
- 8 tomates-cereja cortados ao meio
- Sal a gosto
- Suco de meio limão
- Azeite de oliva extravirgem

Modo de fazer

1. Corte os pães ao meio e coloque em cada um 2 fatias de rosbife.
2. Tempere a alface e o tomate-cereja com sal, suco de limão e azeite de oliva.
3. Coloque a salada no meio do pão.

ROSBIFE

Rendimento: **10 porções**

Ingredientes

- Azeite de oliva
- 1,2 kg de filé-mignon bem limpo, em uma só peça
- Sal e pimenta-do-reino

Modo de fazer

1. Aqueça o forno a 220°C.
2. Na boca do fogão, aqueça bem o fundo de uma assadeira ou de uma frigideira média que possa ir ao forno e regue com azeite.
3. Junte a carne e, sem mexer ou espetar, doure bem de um lado e só depois vire para dourar o outro.
4. Polvilhe com sal e pimenta e leve ao forno até atingir o ponto desejado (normalmente, demora de 10 a 15 minutos para ficar malpassado). Se tocar com a ponta do dedo, você sentirá que a carne está bem macia (para ao ponto, espere entre 20 e 25 minutos para a carne começar a enrijecer; e, para bem passado, em uns 30 minutos a carne estará bem firme).
5. Retire a carne do forno, deixe repousar sobre um prato por 30 minutos e leve à geladeira por pelo menos 1 hora (o ideal seria por 24 horas).
6. Corte a carne gelada em fatias bem finas e armazene na geladeira em um pote com tampa.

Alerta

A receita de rosbife deve ser executada por um adulto.

Dica

O rosbife pode ser armazenado na geladeira e consumido em uma semana, como entrada ou como complemento de uma salada.

Você sabia?

O rosbife é uma receita tradicional da Inglaterra. Feito de carne bovina (normalmente filé-mignon, contra-filé, lagarto ou patinho), seu nome quer dizer "carne assada".

LEITE COM ACHOCOLATADO

Rendimento: 1 porção

Ingredientes

- 1 xícara (chá) de leite integral gelado
- 2 colheres (sopa) de achocolatado

Modo de fazer

1. Bata os ingredientes no liquidificador.
2. Sirva ou armazene em garrafa térmica para colocar na lancheira.

Dica

Como não é bom consumir muito açúcar, o melhor é ter em casa um pote com a mistura de uma caixa de chocolate em pó 50% cacau e 400 g de achocolatado comum.

CEREAL MATINAL

Coloque 1 xícara (chá) do cereal matinal sem açúcar de sua preferência num potinho junto ao achocolatado.

SEMANA

4

Menu:
Torta de queijo e legumes
+ Vitamina de leite com morangos
+ 1 tangerina

TORTA DE QUEIJO E LEGUMES

Rendimento: 8 porções

Ingredientes

Massa

- 3/4 de xícara (chá) de farinha de trigo
- 3/4 de xícara (chá) de fubá
- 2 xícaras (chá) de leite integral
- 1 colher (sopa) rasa de sal
- 3 ovos
- 3 colheres (sopa) de queijo parmesão ralado
- 3 colheres (sopa) de azeite extravirgem
- 1 colher (sopa) de fermento químico (em pó)
- 1 colher (sopa) de azeite ou óleo (para untar a forma)

Para o recheio

- 1 lata de seleta de legumes (cerca de 200 g, drenado)
- 1 lata de milho (cerca de 200 g, drenado)
- 250 g de queijo branco (tipo minas frescal)
- 1/4 de colher (sopa) de ervas finas
- Sal a gosto
- 1 colher (sopa) de azeite
- 2 tomates em cubos

Modo de fazer

Massa

1. Bata todos os ingredientes da massa no liquidificador. Unte uma forma com a colher de azeite.

Recheio

1. Drene a seleta de legumes e o milho (escorra sua água). Reserve.
2. Pique ou rale o queijo branco em cubos pequenos, tempere com as ervas finas, sal e azeite de oliva.
3. Misture o queijo com os legumes, o milho e os tomates em cubos.

Montagem

1. Despeje metade da massa na forma untada.
2. Disponha o recheio sobre a metade da massa que está na assadeira.
3. Cubra com a outra metade da massa.
4. Leve para assar por 12 minutos na potência alta do micro-ondas.
5. Aguarde 2 minutos antes de retirar do micro-ondas.

Dica

Depois de separar a quantidade para o seu lanche, aproveite para oferecer a torta como jantar para a sua família. Complete essa refeição com uma salada bem rica e variada.

VITAMINA DE LEITE COM MORANGOS

Rendimento: 1 porção

Ingredientes

- 3/4 de xícara (chá) de leite integral gelado
- 1 xícara (chá) de morangos lavados (de preferência, orgânicos)
- Açúcar, se necessário

Modo de fazer

1. Bata os ingredientes no liquidificador.
2. Sirva ou armazene em garrafa térmica para colocar na lancheira.

Você sabia?

As vitaminas de frutas garantem ao organismo vitaminas como A, B, C e D, dependendo dos ingredientes adicionados. O morango, por exemplo, é rico em vitamina C. A bebida fica mais nutritiva se combinada com aveia ou outro cereal.

HORA DA FRUTA!

Lave bem a tangerina, descasque-a, separe os gomos e coloque em um recipiente. Deixe na geladeira até a hora de levar para a escola.

Menu:
Sanduíche de pão sírio com tabule de quinoa + Suco de acerola + Bolo de chocolate

SANDUÍCHE DE PÃO SÍRIO COM TABULE DE QUINOA

Rendimento: 2 porções

Ingredientes

- 1/2 xícara (chá) de quinoa em grãos
- 2 xícaras (chá) de água
- 1 tomate cortado em cubos, sem pele e sem sementes
- 1 cebola média picada
- 1 xícara (chá) de salsinha picada
- 2 colheres (sopa) de hortelã picada
- 1 limão (somente o sumo e as raspas)
- 2 colheres (sopa) de azeite de oliva extravirgem
- Sal a gosto
- *Ciboulette* para finalizar (opcional; se não encontrar, substitua por cebolinha)
- 2 pães sírios

Modo de fazer

1. Em recipiente de vidro, coloque a quinoa e a água.
2. Leve ao micro-ondas e deixe cozinhar por 10 minutos. Escorra.
3. Transfira a quinoa para uma tigela e deixe esfriar. Acrescente o tomate, a cebola, a salsinha, a hortelã e mexa bem.

4. Tempere com sal, suco de limão e azeite extravirgem. Finalize com a *ciboulette*.
5. Leve à geladeira.
6. Retire um pouco antes de servir e deixe descansar em temperatura ambiente. Recheie os pães sírios com essa mistura.

Dica

Se sobrar tabule de quinoa, ele pode ser aproveitado numa salada para acompanhar a refeição da família.

Você sabia?

Tabule é um tipo de salada libanesa. Aqui, resolvi substituir o trigo para quibe pela quinoa. Apesar de estar na moda, agora, essa planta originária da América do Sul tem milhares de anos. Suas propriedades nutritivas já eram conhecidas pelos antigos: é uma ótima fonte de proteína e é rica em fibras!

SUCO DE ACEROLA

Rendimento: 1 porção

Ingredientes

- 1/2 xícara (chá) de polpa de acerola congelada
- 1 copo (americano) de água gelada
- Açúcar a gosto

Modo de fazer

1. Bata os ingredientes no liquidificador.
2. Sirva ou armazene em garrafa (de preferência, térmica) para colocar na lancheira.

BOLO DE CHOCOLATE

Rendimento: 10 porções

Ingredientes

- 3 ovos
- 1/2 xícara (chá) de óleo
- 1 xícara (chá) de leite integral
- 1 xícara (chá) de achocolatado
- 1 xícara (chá) de açúcar
- 2 xícaras (chá) de farinha de trigo
- 1 colher (sopa) de fermento químico (em pó)
- Manteiga e farinha de trigo para untar e polvilhar

Modo de fazer

1. No liquidificador, coloque os ovos, o óleo, o leite e o achocolatado e bata por 3 minutos.
2. Em uma vasilha à parte, adicione os ingredientes secos. Acrescente a mistura do liquidificador e mexa bem até ficar homogêneo.
3. Despeje a massa do bolo em uma forma de silicone (própria para micro-ondas) untada e enfarinhada. Leve ao micro-ondas por 10 minutos, em potência alta.
4. Desenforme o bolo e deixe esfriar para servir.

Dica

Esta receita produz cerca de 10 pedaços de bolo. Dá para experimentar quentinho em casa e ainda levar a mais na lancheira para agradar aos amigos mais queridos. Compartilhe!

Menu:

Torta de ricota
+ Suco de goiaba
+ Frutas em cubos

TORTA DE RICOTA

Rendimento: 8 porções

Ingredientes

Massa

- 3/4 de xícara de farinha de trigo
- 3/4 de xícara de farinha de trigo integral
- 2 xícaras (chá) de leite integral
- 1 colher (sopa) rasa de sal
- 3 ovos
- 1/2 cebola
- 3 colheres (sopa) de azeite extravirgem
- 1 colher (sopa) de fermento químico (em pó)
- 1 colher (sopa) de azeite ou óleo (para untar a forma)

Recheio

- 1 ricota fresca (cerca de 200 g)
- 1/4 de colher de orégano seco
- Sal a gosto
- 1/2 maço de salsinha
- Azeite extravirgem

Para a finalização

- 3 tomates em rodelas
- 1 dente de alho

Modo de fazer

Massa

1. Bata todos os ingredientes da massa no liquidificador. Unte uma forma com a colher de azeite. Reserve.

Recheio

1. Amasse a ricota e esfarele-a com ajuda de um garfo. Tempere-a com orégano, sal, salsinha e alho bem picadinhos e azeite de oliva.

Finalização

1. Despeje a metade da massa na forma untada.
2. Distribua a ricota temperada sobre a massa. Acrescente os tomates sem sementes e cortados em cubos.
3. Cubra com a outra metade da massa.
4. Leve para assar por 12 minutos na potência alta do micro-ondas.
5. Aguarde 2 minutos antes de retirar do micro-ondas.

Dica

Esta torta também é uma ótima opção para o jantar. Asse, separe o lanche e aproveite o restante como uma deliciosa refeição. Complete com uma salada.

SUCO DE GOIABA

Rendimento: 1 porção

Ingredientes

- 1 copo (americano) de água gelada
- 2 goiabas vermelhas grandes e maduras
- Açúcar a gosto

Modo de fazer

1. Descasque as goiabas e corte-as em pedaços.
2. Bata os ingredientes no liquidificador.
3. Passe por uma peneira fina para tirar os carocinhos da goiaba.
4. Sirva ou armazene em garrafinha térmica.

Você sabia?

A goiaba é uma fonte incrível de vitamina C, aumenta a resistência do corpo a doenças, além de ser um ótimo antioxidante e rica em fibras.

HORA DA FRUTA!

Rendimento: 1 porção

Ingredientes

- 1/4 de xícara (chá) de manga
- 1/4 de xícara (chá) de morango (de preferência, orgânico)
- 1/4 de xícara (chá) de melão
- 1/4 de xícara (chá) de abacaxi

Modo de fazer

1. Corte as frutas em cubos pequenos e coloque-as em um potinho para ir à lancheira.

Dica

Você pode escolher as frutas da sua preferência. O melhor é sempre variar e dar preferência às da estação.

Menu:

Muffin de peito de peru
+ Suco de manga
com gengibre
+ 1 banana

MUFFIN DE PEITO DE PERU

Rendimento

8 porções

Ingredientes

- 100 g de peito de peru cortado em pedaços
- 1/2 ovo
- 3/4 de xícara (chá) de leite integral
- 3 colheres (sopa) de óleo
- 1 xícara (chá) de farinha de trigo
- 1 colher (sopa) de fermento químico (em pó)
- 2 colheres (sopa) de salsa picadinha
- 50 g de queijo parmesão ou meia cura ralado
- Manteiga e farinha para untar e enfarinhar

Modo de fazer

1. Unte forminhas próprias para muffin. Polvilhe-as com farinha de trigo.
2. Preaqueça o forno a 180°C.
3. Corte o peito de peru em cubinhos. Bata no liquidificador o ovo, o leite e o óleo. Numa tigela, misture a farinha, o fermento, a salsa e o queijo. Acrescente a mistura do liquidificador, junte o peito de peru e mexa bem.
4. Distribua a massa nas forminhas e leve ao forno para assar até os muffins ficarem dourados.

Dica

Que tal levar uns muffins a mais para comer depois da aula de educação física? Você vai precisar repor as energias!

Você sabia?

O nome muffin deriva da palavra francesa "moufflet", usada para denominar "pão macio". Ele realmente surgiu como um pão, no Reino Unido, entre os séculos X e XI, e não como o bolinho que é conhecido atualmente.

Os dois principais tipos de muffin são o inglês e o americano. Eles têm sabor e histórias diferentes. Os muffins ingleses eram de massa fermentada de pão, em forma achatada e assados numa chapa quente.

Os muffins americanos, por sua vez, surgiram no final século XVIII e sua massa tem preparo mais rápido e é feita em moldes individuais, como o desta receita!

SUCO DE MANGA COM GENGIBRE

Rendimento

1 porção

Ingredientes

- 1 manga madura
- Uma rodelinha de gengibre
- 1/2 copo (americano) de água gelada
- Açúcar a gosto

Modo de fazer

1. Descasque a manga e a rodelinha de gengibre.
2. Bata os ingredientes no liquidificador.
3. Passe por uma peneira fina para tirar as fibras.
4. Sirva ou armazene em garrafinha térmica.

Você sabia?

O gengibre, que veio do continente asiático, acrescenta um toque todo especial às receitas. É bom para o sistema digestivo e respiratório e um ótimo desintoxicante.

HORA DA FRUTA!

Coloque uma banana (do tipo de sua preferência) na lancheira.

Menu:
Cookie de aveia + Palitinhos de cenoura e pepino + Iogurte grego + Melão orange em bolinhas

COOKIE DE AVEIA

Rendimento

10 porções

Ingredientes

- 1 xícara (chá) de farinha de trigo
- 1/2 xícara (chá) de aveia em flocos
- 1/2 xícara (chá) de achocolatado em pó
- 1/2 xícara (chá) de açúcar
- 100 g de manteiga
- 1 colher (chá) de fermento químico (em pó)
- 1 ovo
- Manteiga e farinha para untar e enfarinhar

Modo de fazer

1. Misture tudo em uma vasilha e amasse com as mãos, levemente, até ter uma massa mais ou menos homogênea.
2. Unte uma forma própria para micro-ondas e enfarinhe levemente.
3. Abra a massa sobre filme plástico e corte-a com um vazador. Coloque em pirex ou formas para micro-ondas.
4. Leve ao micro-ondas por 2 minutos em potência alta. Espere 1 minuto e ligue por mais 30 segundos.

Dica

Os cookies que sobrarem poderão ser consumidos no lanchinho noturno, acompanhados por um chá de camomila para você ter um sono tranquilo.

PALITINHOS DE CENOURA E PEPINO

Rendimento: 10 porções

Ingredientes

- 1 cenoura grande
- 1 pepino grande tipo japonês

Modo de fazer

1. Lave bem os legumes e corte-os em palitinhos.
2. Deixe em água gelada até a hora de colocar na lancheira.

IOGURTE GREGO

Rendimento: 1 porção

Ingrediente

- 1 pote de iogurte natural desnatado

Modo de fazer

1. Coloque o iogurte natural em uma peneira média, forrada por gaze ou filtro de café.
2. Apóie a peneira em uma jarra ou recipiente. Leva à geladeira por 4 horas. Depois desse período, o soro terá escorrido para a jarra, e a parte de cima do iogurte, na peneira, estará cremosa. Descarte o soro. Está pronto o iogurte grego.
3. Coloque em um potinho e leve à lancheira.

HORA DA FRUTA!

Rendimento: 1 porção

Ingrediente

- 1 xícara (chá) de melão orange em bolinhas

Modo de fazer

1. Para cortar o melão orange, descasque-o e corte em cubos ou use o boleador.
2. Coloque em um potinho e leve à lancheira.

SEMANA 5

Menu:
Sanduíche de pão francês integral com peito de peru e queijo prato + Suco de abacaxi com hortelã + Biscoito de chocolate, aveia e uva-passa

SANDUÍCHE DE PÃO FRANCÊS INTEGRAL COM PEITO DE PERU E QUEIJO PRATO

Rendimento: 4 porções

Ingredientes

- 4 minipães integrais
- 4 fatias de peito de peru
- 4 fatias de queijo prato
- 6 folhas de alface-americana picada
- Azeite extravirgem
- Sal a gosto

Modo de fazer

1. Corte os pães ao meio e recheie cada um com uma fatia de peito de peru e outra de queijo prato.
2. Coloque em cada um dos pães a alface-americana temperada com azeite e sal.

SUCO DE ABACAXI COM HORTELÃ

Rendimento: 1 porção

Ingredientes

- 1 copo (americano) de abacaxi em cubos
- 1/2 copo (americano) de água gelada
- 12 folhas de hortelã
- Açúcar a gosto

Modo de fazer

1. Bata os ingredientes no liquidificador.
2. Passe pela peneira e armazene em garrafinha térmica para colocar na lancheira.

Dica

A hortelã ajuda no bom funcionamento do intestino. Conserve-a no freezer em forminhas de gelo com água, pois assim terá sempre a erva fresca.

BISCOITO DE CHOCOLATE, AVEIA E UVA-PASSA

Rendimento: 10 porções

Ingredientes

- 1/3 de xícara (chá) de uva-passa
- 1 xícara (chá) de farinha de trigo
- 1/2 xícara (chá) de aveia em flocos
- 1/2 xícara (chá) de chocolate em pó
- 50 g de manteiga
- 1/2 xícara (chá) de açúcar
- 1 colher (chá) de fermento químico (em pó)
- 1 ovo
- Manteiga para untar

Modo de fazer

1. Hidrate as passas em água quente por 10 minutos, esprema e escorra o excesso de água.
2. Coloque todos os ingredientes em uma tigela e misture com a ponta dos dedos, até obter uma massa homogênea e maleável.
3. Com as mãos besuntadas de óleo, faça bolinhas com porções da massa e coloque em um recipiente refratário untado, deixando uma distância entre elas.
4. Achate as bolinhas levemente e leve ao micro-ondas por cerca de 2 minutos, em potência alta.
5. Retire os biscoitos do refratário após esfriarem.
6. Sirva morno ou guarde em recipiente fechado.
7. Coloque uma porção num potinho para levar à escola.

Dica

Biscoitinhos podem ser armazenados em potes hermeticamente fechados, assim duram vários dias.

Menu:
Torta de atum + Suco de laranja com cenoura + 1 porção de banana-passa

TORTA DE ATUM

Rendimento: **10 porções**

Ingredientes

Massa

- 1 xícara (chá) de farinha de trigo
- 1 1/2 xícaras (chá) de leite integral
- 1 colher (sopa) rasa de sal
- 3 ovos
- 1/2 cebola
- 3 colheres (sopa) de azeite extravirgem
- 1 colher (sopa) de fermento químico (em pó)
- 1 colher (sopa) de azeite ou óleo (para untar a forma)

Recheio

- 3 tomates em rodelas temperados com sal
- 1/4 de colher de orégano seco
- 1 lata de atum em conserva de óleo
- 1 lata de ervilhas

Modo de fazer

Massa

1. Bata todos os ingredientes da massa no liquidificador. Unte uma forma com a colher de azeite. Reserve.

Recheio

1. Desfie o atum com ajuda de um garfo. Reserve.
2. Drene as ervilhas (escorra sua água). Corte os tomates em rodelas e tempere com sal e orégano.

Finalização

1. Despeje a metade da massa em uma forma.
2. Coloque o atum sobre a massa. Disponha as ervilhas e os tomates temperados.
3. Cubra com a outra metade da massa.
4. Leve para assar por 9 minutos na potência alta do micro-ondas.
5. Aguarde 2 minutos antes de retirar do forno micro-ondas.

Dica

A torta de atum pode ser congelada em pedaços e é uma excelente opção de refeição rápida e saudável. Deixe descongelar ou leve direto ao forno em 160°C.

SUCO DE LARANJA COM CENOURA

Rendimento

2 porções

Ingredientes

- 1 copo (americano) de suco de laranja
- 1/2 cenoura média
- 1/2 copo (americano) de água gelada
- Açúcar a gosto

Modo de fazer

1. Bata os ingredientes no liquidificador.
2. Armazene em garrafinha térmica.

HORA DA FRUTA!

1 porção de banana-passa.

Menu:

Sanduíche de guacamole
+ Iogurte grego
+ Muffin de morango

SANDUÍCHE DE GUACAMOLE

Rendimento: 2 porções

Ingredientes

- 1/2 abacate grande (ou 1 pequeno) amassado
- 1 cebola média bem picada
- 2 tomates sem pele e sem semente picados em cubos
- 1/2 pimenta-dedo-de-moça fresca bem picada (se não gostar de pimenta, retire este item da receita)
- 1 colher (sopa) de coentro picado
- 1 colher (sopa) de salsinha picada
- Sal a gosto
- 1 limão (suco)
- 4 fatias de pão de forma branco ou integral

Modo de fazer

1. Amasse o abacate com um garfo, de modo a obter uma pasta praticamente lisa.
2. Misture os outros ingredientes, todos bem picados.
3. Tempere com sal e suco de limão.
4. Leve a mistura ao refrigerador por 2 horas. Use-a para rechear os sanduíches. Fica mais legal se você rechear duas fatias e depois cortá-las em formato de triângulo.

Dica

O abacate é muito nutritivo, fonte de vitaminas A e E. É bom para o coração e deixa a pele mais bonita. Para retardar a oxidação, guarde-o com o caroço.

Você sabia?

A receita de guacamole é tradicional do México e, por lá, eles gostam de colocar pimenta em quase tudo (até as crianças estão acostumadas). No lugar do nosso abacate, eles usam o *avocado*, da mesma família, só que menor e mais firme. Ele também é bom para preparar saladas, e você o encontra em alguns mercados.

IOGURTE GREGO

Veja a receita na página 109.

MUFFIN DE MORANGO

Rendimento: 6 porções

Ingredientes

- 2 xícaras (chá) rasas de farinha de trigo (200 g)
- 1 colher (sobremesa) de fermento químico (em pó) cheia
- 1 pitada de sal
- 60 g de manteiga
- 1/2 xícara (chá) de açúcar
- 1 ovo grande ou dois pequenos
- Raspas de limão a gosto
- 170 g de iogurte natural (1 potinho)
- 150 g de morangos (de preferência, orgânicos)
- Manteiga e farinha para untar e polvilhar

Modo de fazer

1. Para preparar a massa, você vai precisar de duas tigelas. Na primeira, misture a farinha, o fermento e o sal.
2. Derreta a manteiga (no micro-ondas ou no fogão). No segundo recipiente, misture a manteiga derretida com o açúcar, os ovos e as raspas de limão.
3. Junte o conteúdo dos dois recipientes, adicione o iogurte em temperatura ambiente e, por último, os morangos cortados em pequenos pedaços.
4. Após untar e enfarinhar as forminhas (use forminhas individuais, no formato para muffins; podem ser de silicone ou outro material), despeje a massa e leve ao forno preaquecido a 200°C. Deixe assar por aproximadamente 40 minutos. Para saber se está bom, faça o teste do palito: espete-o no interior do bolinho e, se sair seco, está cozido.

Dica

O cheiro delicioso desta receita invade a casa! Quando terminar de assar, chame o vizinho ou amigo mais próximo para experimentar e faça propaganda dos seus dotes culinários!

Hearty mate
I will give you
a hug on
your special day
Forever

Menu:

Pão de queijo
+ Suco de maracujá
+ Mix de castanhas

PÃO DE QUEIJO

Rendimento

10 porções

Ingredientes

- 500 g de polvilho azedo
- 1/2 copo (americano) de água
- 1/2 copo (americano) de leite integral
- 1/2 copo de óleo
- 250 g de queijo meia cura
- 1/2 colher (sopa) rasa de sal
- 1 ovo
- Óleo para untar

Modo de fazer

1. Hidrate o polvilho com a água.
2. Leve ao fogo o leite junto com óleo.
3. Escalde o polvilho com essa mistura quente.
4. Junte o sal e o queijo meia cura ralado.

5. Misture bem e acrescente um ovo para dar liga.
6. Asse em forma untada e forno bem quente (250° C) por cerca de 20 minutos.

SUCO DE MARACUJÁ

Rendimento: 1 porção

Ingredientes

- 1 maracujá
- 1 xícara (chá) cheia de água gelada
- Açúcar a gosto

Modo de fazer

1. Bata os ingredientes no liquidificador.
2. Passe pela peneira e armazene em garrafinha térmica para colocar na lancheira.

Dica

Conhecido como flor da paixão, o maracujá relaxa o sistema nervoso e induz ao sono. Com a casca da fruta é possível fazer um chá delicioso (basta fervê-la junto a uma maçã fuji; peça para seus pais fazerem isto, ok?) e também uma farinha funcional para ser usada em saladas, sobremesas e sucos.
A farinha de maracujá é rica em fibras, que ajudam a prolongar a sensação de saciedade e a regular o funcionamento do intestino. Também possui vitaminas e sais minerais.

MIX DE CASTANHAS

Rendimento: 2 porções

Ingredientes

- 1/4 de xícara (chá) de nozes
- 1/4 de xícara (chá) de castanha de caju
- 1/4 de xícara (chá) de uva-passa ou damasco seco
- 1/4 de xícara (chá) de castanha-do-brasil

Modo de fazer

1. Junte todas as castanhas e as frutas secas.
2. Embale para levar na lancheira.

Você sabia?

As sementes oleaginosas do seu mix fazem muito bem à saúde! Confira as propriedades!

Nozes - Embora as oleaginosas em geral possuam a vitamina E, as nozes apresentam uma maior quantidade dela. Também são ricas em zinco, magnésio, vitaminas do complexo B e potássio.

Castanha de caju - É uma boa fonte de zinco, vitamina E e gorduras insaturadas. Estudos mostraram que seu consumo potencializa a produção das células de defesa, reduz o colesterol ruim (LDL) e mantém os níveis do colesterol bom (HDL).

Castanha-do-Brasil - É rica em ômega 3, magnésio e selênio. O selênio é cofator pra formação de uma enzima antioxidante, portanto seu papel na defesa do organismo é fundamental.

Menu:
Bisnaguinha com peito de peru e requeijão + Leite com achocolatado + Salada de frutas

BISNAGUINHA COM PEITO DE PERU E REQUEIJÃO

Rendimento

4 porções

Ingredientes

- 4 bisnaguinhas
- 100 g de requeijão
- 4 fatias de peito de peru

Modo de fazer

1. Corte os pães ao meio e passe 1/4 do requeijão em cada um.
2. Recheie com uma fatia de peito de peru.

LEITE COM ACHOCOLATADO

Rendimento

1 porção

Ingredientes

- 1 xícara (chá) de leite integral gelado
- 2 colheres (sopa) de achocolatado

Modo de fazer

1. Bata os ingredientes no liquidificador.
2. Armazene em garrafinha térmica.

Você sabia?

O chocolate em pó foi inventado em 1828, por um químico holandês que queria descobrir uma forma de remover a gordura natural do chocolate. Ele também conseguiu reduzir o amargo do produto. Foi a partir desse processo que o chocolate sólido também foi criado.

HORA DA FRUTA!

Rendimento

2 porções

Ingredientes

- 1/2 xícara (chá) de morangos (de preferência, orgânicos)
- 1/2 banana
- 1/2 xícara (chá) de abacaxi
- 1/2 kiwi
- Suco de 1 laranja

Modo de fazer

1. Lave, descasque as frutas e pique-as em cubos médios.
2. Regue com um pouco de suco de laranja para evitar que as frutas oxidem.

Agradecimentos

Eu gostaria de agradecer, de coração, à minha equipe. Todos, com suas contribuições, fizeram com que este livro ficasse ainda mais incrível e superdescolado: à chef Zenir Dalla Costa, à assistente Ornella, à nutricionista Selva Fierro, ao fotógrafo Luiz Henrique Mendes, à produtora Tereza Galante, à minha maquiadora Angelita Souza e à Guta Chaves e Soraia Reis, que acreditaram no meu sonho. Ah, e à minha mãe, por ter paciência comigo.

:)

Índice Remissivo